AF294981

Toni Aue

Vom Ei ganz sicher das Weiße

Reime

Impressum

Bibliografische Information der Deutschen
Nationalbibliothek:
Die Deutsche Nationalbibliothek verzeichnet diese
Publikation in der Deutschen Nationalbibliografie; detaillierte
bibliografische Daten sind im Internet über http://dnb.dnb.de
abrufbar.

© 2022 Toni Aue

Herstellung und Verlag: BoD – Books on Demand,
Norderstedt

ISBN: 978-3-7568-6266-5

REICHT

Ich brauche nichts und niemanden.
Die Welt ist mir egal.
Und komm mir nicht mit Liebe an.
So ist es nun einmal.

Das Arbeiten ist undankbar
Der Wohlstand bleibt mir fern.
Ich lebe unter dem Radar,
Lass Schulden sich vermehr'n.

Die zahl ich sowieso nicht mehr.
Wovon auch? Hab' ja nichts.
Das Können hab ich auch verlernt,
In meiner letzten Schicht.

Ich kann nichts und ich will nichts mehr,
Das Sein ist Überdruss.
Selbst Hoffnung gibt nicht mehr viel her,
Zum Glück ist auch mal Schluss.

GENIALER PLAN

Wenn ich alt bin wird es schön,
Die Welt dreht sich um mich.
Ich stehe nur noch für mich ein,
Und kümmere mich um nichts.

Ich schlafe aus und mache dann
Nur das, worauf ich Lust hab.
Am besten fang ich morgens an
Mit zwei, drei Caipirinha.

Gepflegt betrink' ich mich und dann
Fängt täglich neu mein Leben an,
Das ich bis dahin nur ertrug.
Ja, irgendwann ist es genug.

Ich rauche Kette, lass' mich gehn.
Mein Arzt wird mich nie wieder seh'n.
Denn auf den Tod arbeite ich hin
Noch älter sein macht keinen Sinn.

GLEICHGÜLTIG

Was interessieren mich die Tränen?
Ich kann sie doch nicht trocknen.
Das, wonach sie sich grad sehnen,
Liegt jetzt in nem Loch drin.

Als ich noch lebte, war nie Zeit
Zum Treffen und zum Reden,
Kein' Deut besser meinerseits,
So läuft's im Alltag eben.

Das Gute an dem Totsein ist:
Ich brauche nichts mehr fragen.
Die Existenz ist ausgelöscht,
Es bleibt kein Wort zu sagen.

IDEALISTISCH VERANLAGT

Glaubt noch wer an Gerechtigkeit?
Da sind wir uns doch einig?
Gesetze und Gesetzgebung
Sind völlig überzeitigt.

Wie sieht es aus mit Schönheit,
dem Guten und dem Wahren?
Es ist uns allen doch bekannt:
All das trägt Markennamen.

Die Ideale sind vermenschlicht.
Kein Glaube soll uns binden.
Nur die Liebe, selbstverständlich,
Die meinen wir zu finden.

HÖHERE MACHT

Ich brauche Sie, vertrauen Sie mir.
Es geht nicht mehr allein.
Sie sind Waage, ich bin Stier.
Jetzt kommen Sie erstmal rein.

Die Kipper-Karten sagten klar
Sie sind der einzig Wahre.
Wir schrieben uns so wunderbar.
Schön, dass Sie endlich da sind.

Sie sind enorm spirituell.
Ich kann die Aura spüren.
Wohlig warm und traumhaft hell
Lass ich mich gerne führen.

Mit Gabriel sind Sie ganz eng?
Sie stehen in Kontakt?
Der Erzengel ist ziemlich streng,
Bei mir hat's nie geklappt.

Für Sie mach ich den Geist mir frei,
Mental geh ich auf Reisen.
Zeigen Sie mir, wie es geht!
Ich suche nach Beweisen.

Dafür, dass wir Menschen mehr
Als nur unsere Triebe sind.
Ach, das Herz ist mir so schwer,
Denn die meisten sind doch blind.

EINGESTÄNDNIS

Natürlich würde ich sehr gern
Lieben, lachen, leben.
Wärme, wortloses Verständnis,
Nehmen und auch geben.

Dummerweise bin ich klug
Und weiß nur zu genau:
Spricht man über heißes Blut
Wird es ganz schnell lau.

LASS UNS REDEN

Ich soll stets in Worte fassen,
Was ich denke und empfinde.
Ob ich liebe oder hasse,
Ob ich aufsteig' oder sinke.

Stundenlang könnt' ich erzählen,
Wie und was genau ich fühle.
Trotzdem kann nur ich erleben,
Wie ist es, das Aufgewühlte.

Diese Trennung zwischen Menschen
Reden wir zwei auch nicht weg.
Sie besteht, seitdem wir denken.
Partnerschaft ist doch nur Zweck.

WAHRE LIEBE

Betrachten wir es realistisch:
Wir sind einfach nur durchschnittlich.
So sehen wir aus, so denken wir.
Ich trink Wein und du trinkst Bier.

Hobbys du, und ich Interessen,
Gelegentlich mit Freunden essen,
Du liest Sachbuch, ich Romane,
Stolz tragen wir Doppelnamen.

Gehst du heute noch zum Sport?
Dann bring doch gleich das Leergut fort.
Hast du morgen den Termin?
Ich hänge dir das Hemd dann hin.

Gern geschehen und vielen Dank.
Wir sind beide selten krank.
Geist und Körper sind sich einig:
Unser Bund ist wirklich heilig.

Ja, das muss die Liebe sein!
Besser so als ganz allein.
Absolut erstrebenswert,
Und deswegen heiß begehrt.

JA, JA

Ganz klassisch Midlife Crisis,
Sagst du zu mir und grinst.
Doch nur, dass du Bescheid weißt:
Das ist dein Hirngespinst.

Bloß, weil du bist wie immer,
Und glücklich noch damit.
Geh du dich achtsam trimmen!
Ich halt' mich anders fit.

Meine Jungs, wie du sie nennst,
Zieh'n nicht mehr um die Häuser.
Männer sind's, mit Frau und Kind.
(Genau wie ich Duckmäuser).

Quatsch, das klang nicht deprimiert.
Dann frag doch einfach nicht,
Wenn's dich eh nicht interessiert!
Nein, Hunger hab' ich nicht.

REALITÄTSBEWUSST

Es gruselt mich mitunter,
Was man so denken kann,
Wird nur die Hälfte mal real,
Dann sind wir alle dran.

Thriller, Krimi, Psychopathen,
In Film und Buch omnipräsent.
Immer nach dem Mörderraten
Wird vor Angst nicht mehr gepennt.

Da lob' ich mir den Kitschroman,
Den Liebesfilm im Öffentlichen.
Am Ende liegt man sich im Arm
Und hat dann Sex, den wöchentlichen.

FREUNDSCHAFT

Ach Du, lass mal. Keene Lust.
Hab grad irgendwie nen Frust.
Alles nervt und kotzt mich an,
Weiß nicht, was ich machen kann.

Ja ja ja, du hast gut reden,
Genieß du dein aktives Leben.
Nee, is gut. Ich komm schon klar.
Wir sehn uns dann im neuen Jahr.

Ich weiß, dass erst September ist!
Was soll jetzt dieser ganze Mist?
Quatsch, Sorgen brauchste dir nicht machen,
Da gibts viel wichtigere Sachen.

Mann, selber denken macht ja schlau!
Jetzt hör ma auf, ich bin schon blau.
Ich trink noch eins und dann is gut.
Wir hörn uns bald, machs erstma gut.

UMGEZOGEN

Keine Lampen, keine Bilder,
Meine Wohnung ist noch jung.
Was hält länger als Geschmack?
Zeitloses Provisorium.

Für Deko müsst' ich mich entscheiden,
Und sie auch noch kaufen gehen.
Unter Vielfalt würd' ich leiden,
Wenn ich dann im Laden steh'.

Es gibt von allem viel zu viel,
Ich werde noch ganz kirre,
Auch hab ich keinen festen Stil
Die sind doch alle irre.

Hab' weiße Wände, blanke Birnen,
Das ist doch auch Designziel,
Andere wollen sich minimieren
Ich gebe gern ein Beispiel.

KLARE ANSAGE

Ich fragte heut' mein Selbstbewusstsein,
Was es eigentlich kann.
Es lacht mir ins Gesicht hinein,
Sagt: Nix – geh fernsehen, Mann!

DER FÜRSORGER

Ich kenne ihn nur aus dem Film,
Den Fürsorger, den Herrn
Betrüger, Lügner und Filou,
Ich hatte ihn echt gern.

Ist es denn recht, wenn ich mir denk:
Das hat er gut gemacht?
Geld genommen, Glück verschenkt,
Keinen umgebracht.

Klar, das ist romantisiert,
Träumer, der ich bin.
Doch hat sich rauskristallisiert:
Im Geld lag nicht der Sinn.

ALTERNATIVE

Manchmal stünde ich schon gern
Auf der andern Seite.
Fremdes Elend läg' mir fern,
Nähme aus die Leute.

Selbstbewusst und selbstgerecht
Würde alles gut.
Nie mehr fühlte ich mich schlecht,
Reiner Frohgemut.

Leider bin ich eher komplex,
Beladen und betroffen,
Wenn's um fremde Wünsche geht,
Mein Herz steht immer offen.

ROELAND WIESNEKKER

Der ist halt so ein geiler Typ,
Den würd' ich sofort nehmen.
Wofür? Ja, das weiß ich doch nicht.
Das ist doch nur Gerede.

Groß und düster, breite Schultern,
Quasi der perfekte Mann.
Und auch noch humorbegabt,
Wichtig, dass man lachen kann.

Ist schon klar, ist nur Gespinne,
Überhaupt nichts Echtes dran,
Doch verwirrt er mir die Sinne,
Ob der wohl gut küssen kann?

Nein, ich werde nicht verrückt,
Ich find' den gut und selten.
Bin nur heut' mal schockverliebt,
Postpubertäre Welten.

HAUPTSACHE

Verliebt? Na, klar!
Ganz selbstverständlich.
Es kann sprechen
Und ist menschlich.
Noch mehr Anspruch wäre hohl.
Ich wähle es als mein Idol.

GEWISSHEIT

Gefühle sind gar nicht so selten
Vom Ei ganz sicher das Weiße.
Schlagen sich frei erfund'ne Welten
In die Vernunft 'ne Schneise.

HILFSMITTEL

Ich glaub', ich hol' mir einen Hund.
Ja, super. Tolle Idee!
Dann haste endlich einen Grund
Mal aus dem Haus zu gehen.

Das dacht' ich auch, doch irgendwie
Erscheint es mir nicht richtig.
Ein Hund ist doch kein Sportgerät.
Okay, vielleicht juristisch.

KULINARISCH

Ich koche nie, ich mache Essen.
Es ist mir eben doch nur Pflicht.
Die Küche will ich daran messen,
Ob sie satt macht oder nicht.

ZOOBESUCH

Wir waren heut' im Affenhaus,
Da war es ziemlich voll.
Wir schauten rein, sie schauten raus.
Sekundenlang war's toll.

UNGEREIMTE SELBSTBESCHREIBUNG

Meine Haare sind lang und fettig. Salz und Pfeffer in der schlimmsten Ausprägung. Ich kann sie nicht färben oder öfter waschen, weil ich wegen meiner Hauterkrankung gewissermaßen auf alles allergisch bin, und die Haut sonst schlechter wird. Für meine Frisur gibt es noch kein Wort. Ich habe schlimme Ausschläge, die man vor allem im Gesicht auf eine Entfernung von vielen Metern sieht. Mit meinen Händen könnte ich jederzeit ein Hand-Double für einen Menschen im Alter von fünfundsiebzig plus geben. Meine Augen sind immer rot, sodass ich stets aussehe, als hätte ich tagelang wachgelegen. Mein Lächeln gleicht einer Mischung aus Gollum und Maulesel. Für mich wurden Begriffe wie Langnase und pausbäckig erfunden. Pedi- oder Maniküre sind in erster Linie hübsche Wörter. Ich trage nur alte Jeans, Turnschuhe und Sweatjacken, mit denen ich mein Übergewicht kaschieren kann. Das ginge sicher eleganter, aber ich habe keinen Geschmack oder gar Stil, was Kleidung und den ganzen Rest angeht.
Ich habe eine hohe Fistelstimme und wenn ich nervös bin, spucke ich beim Sprechen und grunze beim Lachen.

Ich kann und spreche fließend Nonsens.